Budismo

Su Guía Personal para Sanar su Vida, Lograr Felicidad y Encontrar la Paz Interior

Por Maya Faro
Derechos Reservados Maya Faro © 2016, 2022

Copyright © 2022 por Maya Faro - Todos los derechos reservados

ISBN: 978-1-80095-099-3

El contenido en este libro no puede reproducirse, duplicarse o transmitirse sin el permiso directo por escrito del autor o del editor.

Bajo ninguna circunstancia se tendrá la culpa o responsabilidad legal contra el editor o el autor, por daños, reparaciones o pérdidas monetarias debido a la información contenida en este libro, ya sea directa o indirectamente.

Aviso Legal:

Este libro está protegido por derechos de autor. Es solo para uso personal. No se puede modificar, distribuir, vender, usar, citar o parafrasear ninguna parte o el contenido de este libro sin el consentimiento del autor o editor.

Aviso de Exención de Responsabilidad:

Tenga en cuenta que la información contenida en este documento es solo para fines educativos y de entretenimiento. Todo el esfuerzo se ha ejecutado para presentar información precisa, actualizada, confiable y completa. No se declaran ni implican garantías de ningún tipo. Los lectores reconocen que el autor no participa en la prestación de asesoramiento legal, financiero, médico o profesional. El contenido de este libro se ha derivado de varias fuentes. Consulte a un profesional con licencia antes de intentar cualquier técnica descrita en este libro.

Al leer este documento, el lector acepta que en ningún caso el autor es responsable de las pérdidas, directas o indirectas, que se incurran como resultado del uso de la información contenida en este documento, incluidos, entre otros, errores, omisiones o inexactitudes.

"Nadie nos salva sino nosotros mismos. Nadie puede y nadie debe. Nosotros mismos debemos recorrer el camino".

-Buda

"Dejar ir nos da libertad, y la libertad es la única condición para la felicidad. Si, en nuestro corazón, todavía nos aferramos a cualquier cosa - ira, ansiedad o posesiones - no podemos ser libres."

-Thich Nhat Hanh, *El Corazón de la Enseñanza de Buda: Transformando el Sufrimiento en Paz, Alegría y Liberación*

"Si aprendemos a abrir nuestros corazones, todos, incluyendo las personas que nos vuelven locos, pueden ser nuestros maestros".

-Pema Chödrön

"Si hay alguna religión que pueda responder a las necesidades de la ciencia moderna, sería el Budismo".

-Albert Einstein

"El secreto del Budismo es eliminar todas las ideas, todos los conceptos, para que la verdad tenga la oportunidad de penetrar, de revelarse".

-Thich Nhat Hanh, *Mente de Buda, Cuerpo de Buda: Caminando Hacia la Iluminación*

"Es mi convicción que no hay camino hacia la paz - la paz es el camino".

- Thich Nhat Hanh, *El Arte del Poder*

"Una gran revolución humana en un solo individuo ayudará a lograr un cambio en el destino de una nación y, además, puede incluso propiciar un cambio en el destino de toda la humanidad".

- Daisaku Ikeda, *La Revolución Humana*

"Que nuestra acción sea sana o insana depende de si esa acción o acto surge de un estado mental disciplinado o indisciplinado. Se considera que una mente disciplinada conduce a la felicidad y una mente indisciplinada conduce al sufrimiento, y de hecho se dice que provocar la disciplina dentro de la propia mente es la esencia de la enseñanza de Buda."

- Dalai Lama XIV, *El Arte de la Felicidad*

Contenido

Introducción 10
Qué es el Budismo 13
Una breve historia del Budismo 16
El Budismo en el mundo de hoy 20
La Fuente de todos los problemas: La autoidentificación con la mente 23
Usted es la fuente de su realidad 32
Levantando el velo de las ilusiones de la mente 37
   Ejercicios para fortalecer su concentración 39
   Ejercicio 2 41
   Ejercicio 3 50
   Ejercicio 4 54
   Ejercicio 5 55
   Ejercicio 6 59
Más sobre la filosofía Budista 65
   Ejercicio 7 73
La perspectiva Budista de Dios 78
   Ejercicio 8 79
Viviendo la enseñanza Budista 83

Capítulo de Bonificación: Las Habilidades de la Atención Plena.. 85
EJERCICIOS DE BONIFICACIÓN: 90
Reflexiones Finales.. 96

Introducción

Había un sirviente que había trabajado durante años sirviendo a su amo a su antojo. El amo vivía en una gran mansión, pero nunca salía de su habitación. Siempre que quería a su sirviente, lo llamaba, y éste acudía a la puerta de la habitación del amo. La puerta siempre estaba cerrada, así que el criado escuchaba las órdenes de su amo a través de la puerta. Un día, el sirviente estaba realizando sus tareas cuando vio a una criada que también trabajaba en la mansión. El sirviente compartió con la criada cómo estaba cada vez más disgustado con su amo. "Llevo muchos años trabajando para mi amo y hago todo lo que me pide, pero nunca está satisfecho. Nunca nada es suficientemente bueno para él; siempre quiere más y más". La criada le dijo al sirviente que debía hablar con el amo sobre esto y hacerle saber cómo se sentía.

El sirviente pensó en lo que dijo la criada. Se había dado cuenta de que siempre había escuchado al amo sin cuestionarlo nunca. En ese momento se sintió tan frustrado que decidió que hablaría con el amo.

El sirviente se dirigió a la puerta del amo y lo llamó por su nombre, pero no hubo respuesta. Entonces tocó la puerta, y siguió sin obtener respuesta. El amo giró entonces la perilla de la puerta y ésta se abrió ligeramente. El sirviente no podía creerlo; la puerta estaba sin llave.

¡Nunca antes la puerta no había estado cerrada con llave! El sirviente se armó de valor y entró en la habitación de su amo; lo que vio le dejó atónito. La habitación de su amo estaba completamente vacía; ¡no había muebles, ni amo! El sirviente se quedó desolado en la habitación vacía, dándose cuenta de que había pasado todos estos años sirviendo a alguien que no existía.

La historia del sirviente y su amo representa la enseñanza esencial del Budismo, que consiste en convertirnos en dueños de nuestras mentes, en lugar de que nuestras mentes se conviertan en dueñas de nosotros. Al igual que la habitación cerrada que contenía un amo imaginario, nuestras mentes constantemente nos emiten pensamientos, que con frecuencia observamos sin cuestionar.

Existen varias escuelas de Budismo, que pueden variar en sus prácticas; sin embargo, todas comparten un enfoque común, trascender la mente para proporcionar una mayor claridad mental, mayor felicidad, mayor compasión y mayor libertad en nuestras vidas diarias. Este libro no sólo explora el Budismo y su filosofía, sino que ofrece ejercicios que proporcionan al lector la oportunidad de hacer una aplicación práctica de esta sabiduría ancestral.

Qué es el Budismo

Había un joven que quería aprender sobre el Budismo. Sabía de un monje sabio que vivía en las colinas cercanas, así que salió a buscarlo. Después de caminar durante unas horas, el muchacho vio al monje sentado junto a un arroyo. El muchacho le preguntó al monje: "¿Cuál es el propósito de practicar el Budismo?".

Sin decir una palabra, el monje cogió una jarra de cristal transparente y la llenó con agua del arroyo. Luego recogió un poco de arena del fondo del arroyo y la vertió también en la jarra. El monje hizo un gesto al muchacho para que le siguiera mientras se dirigía a su cabaña.

Dentro de la cabaña había una pequeña mesa y sillas. El monje le dijo al muchacho que se sentara y luego procedió a agitar la jarra y la colocó sobre la mesa. La luz del sol procedente de la ventana brilló sobre la jarra; sin embargo, sus rayos se dispersaban al pasar por la jarra. La arena suspendida en el agua hacía que sus rayos se rompieran al pasar por el agua turbia. El monje ofreció al muchacho algo de comer y, cuando terminaron, el monje señaló la jarra. Mientras comían, la arena se había asentado en el fondo de la jarra y el agua era cristalina. Esta vez, los rayos del sol pasaron a través de la jarra sin ningún obstáculo. El monje le dijo al muchacho: "La jarra representa tu mente. La arena representa tus pensamientos y el agua es tu conciencia. La jarra con el agua turbia es la mente indisciplinada. La jarra con el agua clara representa la mente disciplinada. Ese es el propósito de la práctica del Budismo".

Cualquiera puede aprender a cambiar su interminable desfile de pensamientos por las aguas cristalinas de la conciencia sin adoptar un nuevo sistema de creencias o fe. El Budismo consiste en tener la experiencia directa del aspecto más fundamental de su ser, que no puede describirse con palabras. Se espera que este libro le inspire a comenzar la transformación del agua turbia en agua clara.

Una breve historia del Budismo

Hace unos 2000 años, un joven príncipe llamado Gautama tendría una experiencia espiritual que daría lugar a una de las principales religiones del mundo, además de difuminar las líneas entre la religión y la ciencia actual. Durante la mayor parte de su infancia, la experiencia de Gautama con el mundo fue el interior del palacio de su padre. Su padre no quería que Gautama experimentara las duras realidades que existían en las calles de la India. Su padre quería que Gautama se hiciera cargo de su reino cuando fuera mayor.

Alrededor de la época en que llegó a la adolescencia, Gautama tomó la decisión de abandonar el palacio y explorar el mundo fuera de sus muros. Lo que vio le dejó una poderosa impresión. Vio a personas enfermas, a personas viejas y débiles, y vio los cadáveres de los que habían muerto. Gautama había experimentado el sufrimiento de los demás. Decidió que su misión en la vida sería encontrar la manera de aliviar a la gente del sufrimiento.

En los años siguientes, Gautama estudió con muchos maestros, la mayoría de los cuales eran de la tradición ascética. La vida de lujo en la que había nacido fue sustituida por las privaciones autoimpuestas a su cuerpo y a su mente. Se privaba de alimentos, exponía su cuerpo desnudo a los duros elementos de la India, vivía al aire libre en la naturaleza y participaba en actividades que maltrataban aún más su cuerpo. Dominó todas las enseñanzas que se le impartieron, pero siguió insatisfecho; no estaba más cerca de comprender cómo librar a los demás del sufrimiento. Las penurias de las enseñanzas que había practicado no lo habían iluminado.

Un día, Gautama decidió abandonar a todos sus maestros y confiar únicamente en sí mismo para encontrar su respuesta. Encontró un lugar tranquilo junto a un río, bajo un árbol Bodhi, y comenzó a meditar. Tomó la determinación de que permanecería en silencio y quieto todo el tiempo que fuera necesario para comprender la naturaleza del sufrimiento. Hasta entonces, no se movería de su lugar bajo el árbol Bodhi.

Durante su meditación, se encontró con muchos pensamientos e imágenes creados por su mente, todos los cuales amenazaban con distraer a Gautama de su meditación y romper el compromiso que había hecho consigo mismo. Al final, Gautama ganó la batalla con su mente; la trascendió y se convirtió en un iluminado. Fue entonces cuando Gautama sería llamado el "Buda" o el despierto.

Gautama pasaría los días que le quedaban de vida enseñando a otros lo que había descubierto. Cuando murió, sus enseñanzas fueron registradas de forma escrita por sus discípulos. Conocidos como sutras, estos escritos pasarían de la India a China, Japón y otras partes de Asia, donde se desarrollaron diferentes linajes. Aunque los fundamentos de sus enseñanzas permanecerían, cada linaje desarrolló su propia práctica para alcanzar la iluminación.

El Budismo en el mundo de hoy

Vivimos en una época sin precedentes en la historia de la humanidad. Nuestro nivel de vida actual se consideraría ciencia ficción o fantasía hace cincuenta años. Disponemos de medios de comunicación con ciclos de 24 horas, Internet de alta velocidad, física cuántica, GPS y otras tecnologías que nos ofrecen mayores oportunidades para mejorar nuestras vidas como nunca antes.

A pesar de todos estos avances, el nivel de nuestra felicidad, realización y sabiduría colectivas no ha mantenido el ritmo. Pese a todos nuestros avances, no hemos invertido el mismo tipo de determinación para comprender la naturaleza de lo que somos. Somos como el agua turbia de la jarra que impide que nuestra sabiduría innata brille. Esta sabiduría, conocida como la naturaleza de Buda, está siendo opacada por nuestra mente indisciplinada. Vivimos nuestra vida con un desfile interminable de pensamientos que pasan por nuestra conciencia, muchos de los cuales preocupan nuestra atención. El propósito del Budismo es trascender nuestros pensamientos disciplinando nuestra mente.

Piense en su propia vida. ¿Qué está ocurriendo en su vida que le impide experimentar la paz interior o la ecuanimidad? ¿Qué le impide experimentar la verdadera felicidad, una felicidad que es independiente de otras personas, situaciones o acontecimientos? Muy a menudo creemos que la felicidad o la paz interior dependen de que obtengamos algún tipo de resultado en nuestra vida. Ese resultado que buscamos puede ser una relación sanada, o la libertad de una relación existente. El resultado que buscamos puede ser superar nuestros pensamientos del pasado o el perdón a nosotros mismos o a los demás. Tal vez lo que buscamos es superar las dificultades financieras o la enfermedad física.

Independientemente de lo que busquemos, no nos conducirá a la verdadera felicidad. Si no conseguimos el resultado que buscamos, nos desencantaremos, nos decepcionaremos o seguiremos esforzándonos por conseguir lo que buscamos. Si logramos el resultado por el que hemos trabajado, podemos disfrutar de la sensación de felicidad y éxito, pero sólo será temporal. Con el tiempo, nuestra sensación de victoria disminuirá y empezaremos a perseguir un nuevo deseo, o un nuevo reto aparecerá en nuestra vida y nos robará la atención de nuestra victoria.

La Fuente de todos los problemas: La autoidentificación con la mente

No hay nada malo en el deseo o en que lo persigamos; el deseo es natural y necesario. Tampoco es malo sentirse decepcionado por no lograr lo que deseamos o victorioso por alcanzar nuestro sueño. De hecho, nuestros pensamientos y emociones no tienen nada que ver con la felicidad o la infelicidad. Nuestros pensamientos y emociones sólo forman parte de la vida; son formas de energía que experimentamos. La diferencia entre sentirse exitoso o fracasado en la vida no tiene nada que ver con los pensamientos y las emociones que experimentamos; más bien, es la relación que tenemos con estos lo que marca la diferencia.

Cuando nos identificamos con nuestros pensamientos y emociones como un aspecto de lo que somos, entonces nuestro sentido del yo fluctuará constantemente con los cambios en los pensamientos y emociones que experimentamos. Cuando experimentamos pensamientos positivos, podemos decirnos a nosotros mismos o a los demás "me siento bien". Si experimentamos un revés o una preocupación, podemos decirnos a nosotros mismos " Yo estoy preocupado" o " Yo he fracasado". De hecho, cualquier pensamiento o palabra que siga a "Yo" puede convertirse en un aspecto de nuestra identidad si lo creemos.

Haga el siguiente ejercicio reflexionando sobre lo que se dice a sí mismo, o a los demás sobre sí mismo, de forma habitual. He aquí algunos ejemplos:

- "Yo soy una buena persona."
- "Nadie me da una oportunidad."
- "Yo soy impaciente."
- "Yo soy una persona enojada."
- "Yo siempre seré pobre."
- "Yo soy afortunado."
- "Yo soy un ganador."
- "Yo soy un perdedor."
- "Nadie me ama."
- "Yo soy amor."

Haga una lista de los pensamientos o emociones que experimenta con más frecuencia. Estos pensamientos o emociones tienen un efecto sobre su sentido del yo. Ya sean pensamientos positivos o negativos, lo que nos decimos a nosotros mismos y las emociones que sentimos, de forma habitual, se convertirán en parte de nuestra identidad. El reto es que, si nuestra experiencia en la vida no es coherente con nuestro sentido de identidad, nuestra sensación de bienestar se verá amenazada.

Piense en la última vez que su sensación de bienestar fue inestable. ¿Cuáles fueron las situaciones o acontecimientos que provocaron esta sensación? Cuando haya identificado la situación o el acontecimiento, vuelva a su lista y revise los elementos que escribió. ¿La situación o el acontecimiento entraba en conflicto con alguno de los elementos de su lista? Ahora piense en la última vez que tuvo una sensación de bienestar. ¿Cuáles fueron las situaciones o acontecimientos que dieron lugar a esa sensación? Volviendo a su lista, ¿la situación o el acontecimiento fue coherente con alguno de los elementos de su lista?

Una persona que está enojada entra en una habitación donde hay un perro. El perro responde a la persona manteniendo la distancia. Si hay personas en la habitación, es posible que también mantengan su distancia. Las acciones resultantes de los que están en la habitación tendrán a su vez un efecto en cómo la persona experimenta la situación. La persona puede mostrarse indiferente ante el perro y sentirse indeseable por el hecho de que otras personas no lo aborden en una conversación.

En otra ocasión, esta misma persona entra en la habitación sintiéndose tranquila. El perro se acerca a él, queriendo ser acariciado. Esto provoca una sensación de afecto por parte de la persona. La gente en la sala empieza a involucrar a esta persona en la conversación, y pronto puede formar parte de un grupo que está disfrutando de un buen rato. La persona se siente ahora aceptada y conectada con los que le rodean.

En cualquiera de los dos casos, el resultado de la experiencia de esta persona no tenía nada que ver con la habitación, las personas que había en ella o el perro. De hecho, no tenía nada que ver con la sensación de indeseabilidad o de tranquilidad. Lo que marcó la diferencia fue la forma en que esta persona se experimentó a sí misma. En el primer escenario, la persona se experimentó a sí misma como una persona indiferente e indeseable, mientras que en el segundo escenario, la persona se experimentó a sí misma como una persona afectuosa o pacífica.

Desde una perspectiva Budista, es irrelevante lo que esta persona estaba sintiendo o experimentando. Lo que es relevante es que esta persona se estaba identificando con su mente. La persona se estaba diciendo a sí misma, en algún nivel de su ser, "Yo soy una persona indeseable" y "Yo soy una persona pacífica". Desde el punto de vista Budista, esta misma persona estaría pensando "La sensación de ser indeseable está surgiendo" y "La sensación de tranquilidad está surgiendo". El Budismo nos enseña que no somos nuestros pensamientos, emociones u otras funciones mentales; más bien, somos el testigo de estas funciones mentales cuando surgen en nuestro interior. Para demostrarlo, haga este ejercicio:

1. Siéntese o acuéstese y cierre los ojos. Permítase relajarse.

2. Aumente su relajación poniendo su atención en el flujo de su respiración. Respirando normalmente, ponga su atención en el flujo de su respiración al inhalar y en el flujo de su respiración al salir del cuerpo durante la exhalación.

3. A medida que se vaya relajando y su mente se vaya aclarando, visualice una

hermosa puesta de sol. Visualícela con el mayor detalle posible. Nota: Todo el mundo visualiza, aunque esta capacidad varía de una persona a otra. Algunas personas son capaces de ver sus visualizaciones con vívido detalle, mientras que las visualizaciones de otras pueden ser muy vagas o tenues. Esto no importa. Simplemente haga su visualización lo más real posible según su capacidad.

4. Ahora visualice un gato negro, véalo lo más vívidamente posible.

5. Por último, visualice una luna llena. De nuevo, hágalo lo más real posible.

6. Ahora abra los ojos.

Durante este ejercicio de visualización, usted visualizó una hermosa puesta de sol, un gato negro y una luna llena. En ningún momento se confundió con ninguna de estas visualizaciones.

Usted sabía que no era la puesta de sol, el gato negro o la luna llena; era el observador de estas cosas. Estas visualizaciones eran sólo pensamientos que adquirían una dimensión visual. A diferencia de la persona del escenario anterior, usted no se identificó con estos pensamientos. La razón de esto es que estos pensamientos no fueron considerados como importantes por su mente, por lo que no hubo auto-identificación con ellos. Por otro lado, la persona en el escenario de la habitación dio importancia a sus pensamientos. Por ello, adoptó las cualidades de sus pensamientos; se convirtió en indiferente, indeseable y afectuoso. Este mismo ejercicio puede modificarse utilizando las emociones en lugar de los pensamientos; sin embargo, lo exploraremos en un capítulo posterior, ya que las personas tienen más dificultades para discernir la diferencia entre ellas y sus emociones que las que tiene para discernir entre ellas y sus pensamientos.

Usted es la fuente de su realidad

Si no somos nuestros pensamientos o emociones, entonces ¿quiénes somos? ¿Cuál es la naturaleza del ser? El Budismo cree que nuestra verdadera naturaleza es la que no cambia y es eterna.

Imagine una casa de espejos como las que se ven en los carnavales y circos. Al entrar en la casa de los espejos, encuentra reflejos de usted mismo por toda la habitación. Usted sabe intelectualmente que lo que está experimentando son los numerosos reflejos de usted mismo creados por las paredes de espejos que componen la habitación. Al salir de la casa de los espejos, se encuentra en lo que experimenta como el "mundo real", donde le rodean numerosas personas, objetos y paisajes. Todas estas cosas se ven como algo distinto a usted. Nunca existe la confusión de que lo que experimenta en su vida diaria es algo que está separado de usted. Este tipo de perspectiva es la que experimenta la mayoría de la humanidad en su vida diaria. En la filosofía Budista, la casa de los espejos es la representación exacta de la realidad. Lo que comúnmente llamamos el mundo, nuestro ambiente o nuestro entorno, es en realidad un espejo que refleja nuestro mundo interior.

Nunca podremos conocer la verdadera realidad, ya que todo lo que experimentamos es una proyección de nuestra propia mente. Para ilustrar esto, utilicemos las serpientes como ejemplo. Cuando usted ve una serpiente (o cualquier otra cosa, para el caso), la información o los datos acerca de la serpiente son captados por sus ojos. Esta información es descompuesta por el nervio óptico, que convierte la información o los datos en impulsos eléctricos. Cuando estos impulsos eléctricos llegan al cerebro, éste los convierte en una imagen. Esta imagen es reforzada por la información recibida por los otros sentidos (tacto, sonido, olfato y gusto), que se procesan de la misma manera que la vista, aunque a través de sus respectivos órganos sensoriales. Lingüísticamente, aplicamos a esta imagen la etiqueta de "serpiente", basándonos en el lenguaje que conocemos.

No sólo asignamos un nombre a esta imagen, sino que también le asignamos un significado, que se basa en nuestra experiencia o aprendizaje anterior. Todos estos procesos trabajan juntos para crear nuestra experiencia de "serpiente". Como cada persona procesa la información de forma diferente, lo que se llama "serpiente" crea una experiencia diferente para cada persona. Para la mayoría de las personas, "serpiente" significa algo que se evita, se teme o se considera desagradable. Para otros, "serpiente" es una fuente de fascinación, admiración e incluso afecto; todo depende de cómo se procese la información.

Independientemente de cómo experimentemos nuestra representación mental de "serpiente", nunca experimentamos la realidad última de una serpiente. Todo lo que experimentamos es una proyección de nuestra propia mente. No estamos en el mundo; el mundo está dentro de nosotros. Incluso aquello a lo que usted se refiere como "usted", no es más que otra proyección de su mente. Lo que comúnmente se denomina "Yo" o "mí" es un pensamiento con el que usted tiene un sentido muy fuerte de identificación y que ha cultivado desde el día en que nació. El adagio espiritual común "Somos seres espirituales teniendo una experiencia humana" es completamente exacto.

Cuando pueda comprender lo expuesto en este párrafo a nivel experiencial, no intelectual, su experiencia de sí mismo, de los demás y del mundo tomará un giro dramático. Avanzará por la vida con una sensación de ecuanimidad, sabiduría, compasión y felicidad muy poco común. Dado que todas las cosas de la vida están conectadas, su estado de vida afectará a otras personas de manera que apoye su felicidad al igual que la suya. Esta es la razón fundamental de la existencia del Budismo, aliviar el sufrimiento y crear felicidad en este mundo. Practicar el Budismo significa ser un científico de su propio ser. Significa convertirse en alguien tranquilo y silencioso con el propósito de observar las funciones mentales de su mente para poder hacerse cargo de ella, en lugar de permitir que su mente se haga cargo de usted. Una de las herramientas más poderosas para ello son las prácticas contemplativas que incluyen técnicas de concentración y meditación.

Levantando el velo de las ilusiones de la mente

Todos nuestros retos en la vida, sin excepción, son relacionales. En otras palabras, un problema no puede existir de forma aislada; sólo puede existir si tenemos una identificación personal con éste. Si oímos hablar de una persona a la que no conocemos, que sufre lesiones que ponen en peligro su vida, no lo consideraríamos un reto para nosotros. Si la persona con lesiones que ponen en peligro su vida resulta ser nosotros o alguien a quien queremos, lo más probable es que nos sintamos desafiados por ello. Desde la perspectiva de los niveles más profundos de conciencia, la persona con lesiones que amenazan la vida, las lesiones que amenazan la vida y nuestro propio sentido de identidad no son más que formas de pensamiento.

La razón por la que amamos el sueño profundo es porque estamos libres de todo reto o sentido de identidad. En el sueño profundo, la conciencia está libre del pensamiento, por lo que no hay experiencia de él. En el sueño profundo, perdemos todo el sentido del yo, de la identidad, o el sentido de la experiencia. Esto es una prueba de que la verdad de lo que somos no es el pensamiento; es la conciencia. Al practicar ejercicios contemplativos que fortalezcan nuestra concentración y amplíen nuestra conciencia, podemos tener una experiencia directa que transformará nuestro sentido de lo que somos, así como nuestra experiencia de la vida.

Los ejercicios tanto de concentración como de meditación son importantes si queremos comprender la verdadera naturaleza de la existencia, que es la conciencia. Los ejercicios para fortalecer nuestra concentración son necesarios para que podamos discernir nuestros pensamientos, emociones y sensaciones de modo que podamos observarlos. Los ejercicios de meditación son necesarios para que podamos renunciar a nuestra necesidad de controlar nuestra mente y así poder descubrir la naturaleza esencial de nuestro propio ser. Cuando nos volvemos hábiles en estas dos prácticas, podemos disfrutar de una nueva libertad descubierta ya que todos nuestros problemas y las preguntas que tenemos sobre nosotros mismos y nuestras vidas se desvanecerán gradualmente. Al mismo tiempo, se encontrará más feliz y más eficaz en su vida diaria. La razón de ello es que perderemos el sentido de identificación con nuestros pensamientos, y nuestro sentido de identidad se establece cada vez más en lo que se denomina nuestra naturaleza de Buda, o conciencia pura.

Ejercicios para fortalecer su concentración

Ejercicio 1: El propósito de este primer ejercicio es experimentar una observación más pura, reduciendo el impacto de sus conceptos mentales. Cada vez que empleamos nuestra mente mientras experimentamos la vida, añadimos nuestras propias interpretaciones a nuestra experiencia. Haga lo siguiente:

1. Siéntese y póngase cómodo.

2. Tómese unos minutos para escudriñar su entorno, observando a las personas, las plantas, los animales o los objetos que se encuentran a su alrededor.

3. Ahora cierre los ojos e imagine que usted es de otro planeta y que ha sido enviado al planeta Tierra para recopilar información sobre éste. Al ser del espacio exterior, no tiene ningún conocimiento ni experiencia previa de la Tierra. Usted es como un bebé recién nacido que ve el mundo por primera vez.

4. Ahora abra los ojos y vuelva a mirar a su alrededor como lo hizo la primera vez,

recordando no interpretar, etiquetar o juzgar nada de lo que vea. Observe como si fuera una pizarra en blanco.

¿Cómo se comparó su segunda observación con la primera? Muchas personas informan que su segunda observación les pareció más fresca y vibrante, que se sintieron más conectados con la vida y con ellos mismos, que se sintieron más tranquilos. Si no pudo detectar una diferencia entre las dos observaciones, siga practicando hasta que sea capaz de discernir una diferencia. El valor de este ejercicio es que permite cultivar el no juzgar y percibir sin matizarlo con su propia interpretación personal.

Ejercicio 2

El propósito de este ejercicio es desafiar su sentido de la relación con su entorno. Hemos sido educados en la creencia de que lo que somos es una entidad separada de lo que experimentamos. En otras palabras, cuando miro a mi perro, lo veo como un ser u objeto separado que existe fuera de mí.

Nota: Se hará una serie de preguntas al realizar este ejercicio. Responda a las preguntas basándose únicamente en su experiencia directa en ese momento, no en lo que sabe intelectualmente.

1. Siéntese y permítase relajarse.
2. Respirando de forma natural, ponga su atención en el flujo de su respiración al inhalar y exhalar, notando las sensaciones que experimenta.
3. Cuando se sienta relajado, seleccione un objeto para observarlo.
4. Observe el objeto durante unos segundos, dejando que sus ojos estén relajados, sin forzarlos.

5. Mientras observa el objeto, determine si el acto de ver está separado del objeto o no. En otras palabras, ¿se detiene el acto de ver en un punto determinado, en el que comienza el objeto, o el acto de ver y el objeto se funden en uno solo?

6. Ahora determine si el acto de ver comienza desde su interior o si ocurre desde el exterior del cuerpo.

7. A continuación, pregúntese si es consciente de que está viendo. En otras palabras, ¿cómo sabe que está viendo? Nota: La pregunta se refiere al proceso de ver, no a lo que se está viendo. ¿Cómo sabe que el proceso de ver está ocurriendo? ¿Está consciente de que "ver" está teniendo lugar? Como se ha indicado antes, no piense en la respuesta correcta a esta pregunta; sólo déjese llevar por su experiencia directa en este momento.

8. Confirme por sí mismo que el ver y el objeto que se ve no están separados, que de hecho fluyen entre sí como uno solo.

9. Confirme por sí mismo que ver ocurre desde el interior del cuerpo, no fuera de éste.

10. Confirme por sí mismo que existe la conciencia de ver, que, en algún nivel de su ser, existe un conocimiento de que el ver está teniendo lugar.

Si puede confirmar todos estos puntos, nos quedan las siguientes conclusiones:

1. El proceso de ver y el objeto que se ve son inseparables; son uno.

2. Ver se origina desde adentro. De esto, podemos concluir lógicamente que tanto el proceso de ver como el objeto que se ve también se encuentran en su interior.

3. Debe haber conciencia de que el ver está teniendo lugar; de lo contrario, ¿cómo podríamos saber que lo que está ocurriendo es el acto de "ver"?

4. El proceso de ver y el objeto que se ve ocurren de forma consciente.

5. Usted está consciente de su existencia.

6. Usted, el proceso de ver y el objeto que se ve son inseparables; todos son uno en sí mismos.

7. Usted es la conciencia misma.

Este ejercicio puede parecer esotérico o filosófico, pero no se deje engañar. Si puede experimentar directamente estas conclusiones por sí mismo, estará a años luz de la mayoría de la humanidad, que cree que es un objeto separado. Todos los problemas surgen de vernos a nosotros mismos como algo separado. Mientras nos veamos a nosotros mismos como algo separado de quienes nos rodean, siempre experimentaremos limitaciones, carencias, frustraciones, o la necesidad de persuadir a los demás para que vean nuestro punto de vista.

El ejercicio anterior también puede repetirse con el resto de las modalidades sensoriales:

Sensación o tacto:

1. Cierre los ojos y toque un objeto.

2. Confirme por sí mismo que las sensaciones del objeto que se toca y el objeto en sí no están separadas, que de hecho fluyen entre sí como una sola.

3. Confirme por sí mismo que la sensación surge del interior del cuerpo, no fuera de éste.

4. Confirme por sí mismo que existe la conciencia de la sensación, que, en algún nivel de su ser, existe un conocimiento de que la sensación está teniendo lugar.

Si puede confirmar todos estos puntos, nos quedan las siguientes conclusiones:

- Al tocar (con los ojos cerrados) no podemos distinguir entre la sensación y el objeto que se toca.

- La sensación se origina en su interior. De esto, podemos concluir lógicamente que tanto el proceso de tocar como el objeto que se toca también se encuentran en su interior.

- Debe haber conciencia de que la sensación está teniendo lugar; de lo contrario, ¿cómo sabríamos que la sensación está ocurriendo?

- La sensación del objeto y el objeto que se toca ocurren de forma consciente.

- Usted está consciente de su existencia.

- Usted, la sensación, y el objeto que se toca son inseparables; son uno en sí mismos.

- Usted es la conciencia misma.

Audición

1. Confirme por sí mismo que la audición y el sonido que se escucha no están separados, que de hecho fluyen entre sí como uno solo.

2. Confirme por sí mismo que la audición se produce desde el interior del cuerpo, no fuera de éste.

3. Confirme por sí mismo que existe la conciencia de la audición, que, en algún nivel de su ser, existe el conocimiento de que la audición está teniendo lugar.

Si puede confirmar todos estos puntos, nos quedan las siguientes conclusiones:

1. El proceso de audición y el sonido que se escucha son inseparables; son uno.

2. La audición se origina desde adentro. De esto, podemos concluir lógicamente que tanto el proceso de oír como el sonido que se oye también se encuentran en su interior.

3. Debe haber conciencia de que la audición está teniendo lugar; de lo contrario, ¿cómo sabríamos qué está ocurriendo?

4. El proceso de audición y el sonido que se escucha ocurren de forma consciente.

5. Usted está consciente de su existencia.

6. Usted, el proceso de audición y el sonido que se escucha son inseparables; son uno en sí mismos.

7. Usted es la conciencia misma.

Este ejercicio puede aplicarse también a las modalidades sensoriales del olfato y el gusto, pero no lo desarrollaremos.

Los ejercicios anteriores fueron seleccionados para iniciar el proceso de desafiar su percepción de la realidad, centrándose en los aspectos de la experiencia con los que ya está familiarizado: la percepción sensorial y la conciencia de la misma. Si ha sido capaz de experimentar la relación indivisible entre la percepción sensorial, el objetivo percibido y usted mismo, habrá dado el primer paso para liberarse de las ilusiones que crea la mente. Si ha tenido problemas con estos ejercicios, le recomiendo que siga practicándolos. Con los próximos ejercicios, se centrará en su mundo interior.

Ejercicio 3

1. Siéntese y póngase cómodo.
2. Cierre los ojos y permítase relajarse.

3. Ponga su atención en su respiración al entrar y salir de su cuerpo, centrándose en las sensaciones que experimenta al inhalar y exhalar.

4. El objetivo de este ejercicio es mantener su atención centrada en la respiración.

5. Su atención se verá distraída por sus pensamientos inevitablemente. Siempre que encuentre su mente divagando, redirija suavemente su atención a su respiración.

6. No se juzgue a sí mismo ni a ninguna de sus experiencias, hacerlo empoderará su mente. Independientemente de la frecuencia con la que permita que su atención divague, simplemente redirija su atención a su respiración.

7. A medida que mejore su capacidad de concentrarse en la respiración, experimentará una reducción de sus pensamientos y una mayor sensación de

paz. No se sorprenda si su mente se torna inquieta después de entrar en este periodo de calma; es normal. Simplemente vuelva su atención a la respiración, su sensación de calma retornará y se convertirá en algo más duradero.

Este ejercicio tiene dos beneficios: El fortalecimiento de su concentración y el darse cuenta de que tiene el poder de ganar control sobre sus pensamientos.

Ahora que ha tenido la experiencia de regular sus pensamientos, aumentará su conciencia sobre la naturaleza de las emociones. Nuestros pensamientos y emociones son dos manifestaciones diferentes de la energía de la vida y se reflejan mutuamente. Todo lo que existe está hecho de energía y esta energía se manifiesta como fenómenos, incluyendo los pensamientos y las emociones. Nuestras emociones son la manifestación física del pensamiento; nos permiten comprender la naturaleza de los pensamientos que estamos experimentando a través de las sensaciones del cuerpo.

La calidad de nuestras emociones indica la calidad de nuestros pensamientos. Si está experimentando las emociones de la ira, es porque está teniendo pensamientos de ira. Si cambia sus pensamientos, cambia sus emociones. Si cambia sus emociones, cambia sus pensamientos. La mayoría de nosotros intentamos evitar experimentar nuestras emociones, especialmente las negativas.

El propósito del siguiente ejercicio es demostrarse a sí mismo que ningún pensamiento o emoción puede tener poder sobre usted a menos que usted lo permita. Nuestros pensamientos y emociones dependen de nosotros para su poder; carecen de todo poder por sí mismos. Todo su poder lo toman prestado de la atención que usted les dedica.

Ejercicio 4

1. Siéntese y póngase cómodo.

2. Cierre los ojos y permítase relajarse.

3. Ponga su atención en su respiración al entrar y salir de su cuerpo, centrándose en las sensaciones que experimenta al inhalar y exhalar.

4. Identifique cualquier emoción negativa que pueda estar experimentando. Si no está experimentando una emoción negativa, piense en un problema o en una experiencia negativa del pasado. Cuando experimente una emoción negativa, ofrézcale aceptación total. No trate de evitarla, negarla o cambiarla; permita que la emoción se exprese plenamente.

5. Ponga toda su conciencia en la emoción, permítase observarla con su atención pero no se enfrente a ella. Permítase experimentar las sensaciones que

acompañan a la emoción. Simule que se sumerge en la emoción; permítase sumergirse completamente en ella. Recuerde que sus emociones no tienen ningún poder mientras no trate de resistirse a ellas o de interpretarlas. Mientras su involucramiento con ellas se limite a observarlas y experimentarlas, usted estará a cargo.

¿Qué sucede con la potencia de sus emociones cuando sólo las observa y les permite expresarse plenamente?

Ejercicio 5

Este siguiente ejercicio le hará desempeñar un papel más activo que en el ejercicio anterior y es una herramienta poderosa si tiene una fuerte emoción negativa que ha estado persistiendo en usted. Haga lo siguiente:

1. Siéntese y póngase cómodo.

2. Cierre los ojos y permítase relajarse.

3. Ponga su atención en su respiración al entrar y salir de su cuerpo, centrándose en las sensaciones que experimenta al inhalar y exhalar.

4. Si aún no está experimentando una emoción negativa, reviva un recuerdo que le active una. Piense en una experiencia negativa del pasado o que esté experimentando actualmente.

5. Cuando aparezca la emoción negativa, identifique cómo se **siente** la emoción. Fíjese: Quiere describir cómo se siente la emoción, no lo que piensa de ella. Para evitar caer en esta trampa, formule su respuesta como "Siento que_____.

Estos son algunos ejemplos:

- "Siento que me está aplastando".
- "Siento que quiero escapar".
- "Me deja sintiéndome adormecido".
- "Siento que una roca me aplasta".

6. Después de identificar cómo se siente la emoción, repita este proceso con la respuesta que da. Ejemplo:

a. Si la emoción que estoy sintiendo es la ira, mi respuesta a lo que siento es "Siento que mi cuerpo se tensa".

b. Luego repetiría el proceso preguntando "¿Cómo se siente la tensión del cuerpo?"

c. Mi respuesta a esto podría ser: "Siento que mi cuerpo está duro".

d. Seguiría con "¿Cómo se siente un cuerpo duro?"

e. Con cada respuesta que dé, repetiría la misma línea de preguntas hasta que la emoción se transforme en una emoción positiva.

Cuando intente identificar el sentimiento de una emoción, déjese llevar por la primera respuesta que se le ocurra. No se preocupe por equivocarse; no puede hacerlo. Mientras describa el sentimiento de la emoción sin ponerse intelectual al respecto, estará en el camino correcto. Cada vez que describe una emoción, le permite transformarse. Al describirla continuamente cada vez que se transforma, la emoción acabará transformándose en una emoción positiva. El uso de este proceso facilita que la emoción cierre el círculo y se cure a sí misma.

Si siente que ha tenido éxito con los ejercicios anteriores, está listo para el siguiente ejercicio, que implica la meditación. En lugar de concentrar la conciencia, la meditación sirve para expandir la conciencia al no centrarse en nada en particular, sino que implica observar toda la experiencia.

Ejercicio 6

1. Siéntese y permítase relajarse.

2. Respirando de forma natural, ponga su atención en el flujo de su respiración al inhalar y exhalar, percibiendo las sensaciones que experimenta.

3. A medida que siga observando su respiración, experimentará el inicio de un ritmo en el que será consciente de su respiración sin dirigir su conciencia hacia ella. Cuando esto ocurra, pase al paso 4.

4. Sin centrar su atención en nada, permítase convertirse en un observador de todas sus experiencias. Los pensamientos, las sensaciones, las

percepciones, las emociones y los sonidos surgirán en su interior. No interprete, juzgue, identifique ni analice nada de lo que experimenta. Simplemente permanezca como quien está observando.

5. Al ser consciente de los pensamientos, las sensaciones, las emociones y las percepciones, dese cuenta de que no son usted. Usted es consciente de ellos, pero ellos no pueden ser usted.

6. Nuestros pensamientos abarcan la totalidad de aquello con lo que nos identificamos. Su pasado, su anticipación del futuro, sus sueños, sus conocimientos, sus experiencias pasadas, el tiempo, el espacio, la acción, la identificación, su cuerpo, su mente, su sentido del yo, son todos pensamientos conceptuales a partir de los cuales construyó su sentido del yo. Pero, ¿cómo pueden los pensamientos ser usted

cuando es usted quien está consciente de ellos?

7. Durante esta meditación, puede haber tenido pensamientos como "¿Estoy haciendo esto bien?" "Esto es demasiado difícil", "Esto es aburrido", etc. Mientras hace este ejercicio, deshágase de todas sus expectativas de lo que debería estar ocurriendo o de lo que debería estar experimentando. Todo lo que pasa por su atención es sólo un aspecto de su conciencia. Reconózcalo y luego déjelo ir. No se aferre, ni busque, ni persiga nada.

8. Cualquier cosa de la que sea consciente no puede ser lo que usted es. No puede ser algo y ser consciente de ello al mismo tiempo.

9. ¿Quién es usted? Busque la existencia de aquello a lo que se refiere como "usted". ¿Puede encontrarla?

10. Sepa esto, cualquier cosa que crea que es usted no puede ser usted. No puede ser usted porque usted está consciente de ello.

Si no es capaz de encontrar eso que se refiere a usted como "usted", no se sienta frustrado; su fracaso en encontrar "usted" es en realidad una señal de éxito. Todo lo que se puede percibir, discernir, sentir u oír, medir, tiene color o tiene tamaño se considera fenomenal. El mundo fenoménico es el único mundo que nuestra mente conoce. Como conciencia, usted es no-fenoménico, lo que significa que no puede ser conocido por sus cinco sentidos o su mente. Todo lo que puede conocer no es usted; la verdad de lo que es usted no puede ser conocida. Usted es como la luz del sol, ya que la luz del sol es invisible hasta que sus diferentes longitudes de onda se descomponen como se experimenta a través de un prisma o un arco iris.

Si usted no es sus pensamientos o experiencias, ¿cómo puede tener un problema? ¿Cómo puede envejecer o enfermar? ¿Qué hay que hacer? ¿Qué es lo que necesita? ¿Qué es lo que necesita completar cuando se identifica como la conciencia de su experiencia? Como conciencia, ¿cómo puede estar separado de algo? Desde la perspectiva de la conciencia, ¿qué hay que temer o esperar?

Este ejercicio es, por mucho, el más difícil; sin embargo, sólo es difícil debido a cómo nuestras mentes han sido condicionadas a creer que somos una mente y un cuerpo que están separados del resto de la vida. Este último ejercicio fue un desafío directo a todo su pensamiento conceptual que ha sido arraigado en usted desde el día en que nació. Si realmente quiere vivir una vida de profunda felicidad y libertad, siga practicando todos los ejercicios hasta que se sienta cómodo con ellos y experimente las realizaciones descritas.

Aunque se le anima a practicar estos ejercicios, no caiga en la trampa de "intentar", "lograr", "esforzarse", "no conseguirlo" o "conseguirlo". Todos estos pensamientos conceptuales de la mente son las mismas cosas en las que usted no quiere implicarse. Los pensamientos vendrán; simplemente no les dé el poder de su atención. Todos estos ejercicios están destinados a guiarle para que reconozca el sentido imaginario de sí mismo y adquiera una mayor conciencia de su verdadero ser, que es el vacío.

Más sobre la filosofía Budista

En los capítulos anteriores, se le presentó una serie de ejercicios mediante los cuales podía desarrollar un mayor control de su mente y desafiar la forma en que se experimenta a sí mismo y a la realidad. En este capítulo, hablaremos de algunos principios Budistas específicos con el fin de proporcionarle un mayor contexto para su entendimiento.

La búsqueda del yo

En los ejercicios anteriores, se le ofreció una guía para conocer la verdad de sí mismo. La gran mayoría de las personas creen que son una entidad separada y distinta. Se definen a sí mismos por sus pensamientos, sus recuerdos y experiencias, así como por sus cuerpos físicos y sus apariencias. Debido a esto, nos vemos como individuos únicos que están separados de otros seres vivos y no vivos.

El principio Budista de la no-sustancialidad establece que nada en la vida existe como una entidad separada en sí misma; más bien, todo lo que existe es una culminación de todo lo que existe. Para dilucidar mejor esto, utilicemos el ejemplo de una flor. Con nuestras mentes conceptuales, vemos una flor como una entidad separada de todo lo demás. No confundimos una flor con una gota de lluvia, una nube, un rayo de luz solar, el suelo, el jardinero que cuida la flor o una finca. Vemos cada una de ellas como entidades separadas. Además, si nos preguntaran de qué está hecha una flor, podríamos mencionar sus pétalos, su tallo, su hoja y sus raíces.

Desde una perspectiva Budista, una flor está hecha de lo que podemos llamar "partes no florales". Sin la lluvia, la flor no podría existir. La lluvia proviene de las nubes, por lo que sin las nubes, la flor no puede existir. La flor depende de la luz solar para la fotosíntesis, por lo que la existencia de la flor depende del sol. El suelo, que contiene nutrientes y retiene el agua para la flor, también es vital para la existencia de la flor. La flor también depende del jardinero que la cuida y atiende a sus necesidades, por lo que también es una parte vital de la existencia de la flor. Como el jardinero necesita comer, la granja se convierte indirectamente en vital para la existencia de la flor. La gota de lluvia, la nube, el sol, la tierra, el jardinero y la granja pueden ser denominados partes no florales. Además, cada parte no floral está vacía de un yo separado. La lluvia está hecha de "partes de no-lluvia", al igual que todas las demás partes no-florales que acabamos de describir. En el nivel más esencial del universo, la verdadera entidad de la flor es el universo entero. Si una sola "parte no floral" no existiera, entonces la flor no podría existir. Desde esta perspectiva, la flor contiene todo el universo, mientras que proporciona pruebas de la existencia del universo mismo.

Volviendo a la última meditación, todo lo que usted experimentará es parte de su "no-usted".

El aspecto de usted que es la conciencia de toda la experiencia es su verdadero yo. Como sólo hay una conciencia, su verdadero yo es el mismo verdadero yo de todos los seres vivos que han existido o existirán.

Si realmente comprende este principio en su corazón, en vez de intelectualmente, experimentará un nivel de alegría y conexión con la vida que es sumamente raro. Estudie este principio con el corazón y nunca más se tomará la vida o a usted mismo tan en serio.

Las Cuatro Verdades Nobles

Las Cuatro Verdades Nobles son principios Budistas fundamentales en las cuales se basan muchas de las enseñanzas Budistas. Las Cuatro Verdades Nobles son las siguientes:

- La primera Verdad Noble se refiere al sufrimiento y se denomina Dukkha. Dukkha es el término utilizado para todos los sufrimientos, desde los más leves hasta los más graves. El sufrimiento es un aspecto ineludible de la vida en este mundo, esta es la primera Verdad Noble.

- La segunda Verdad Noble es que Dukkha es causal en su aparición en este mundo. La causa de Dukkha proviene de nuestra tendencia al apego o la aversión. Cada vez que tratamos de controlar la vida sujetándonos o aferrándonos al mundo físico, ello nos conducirá al sufrimiento. Del mismo modo, cuando mantengamos una aversión hacia cualquier cosa de la vida, esto también nos conducirá al sufrimiento. El sufrimiento surge porque nos identificamos con aquello a lo que nos apegamos o evitamos. Además, el sufrimiento se basa en la impermanencia de la vida. Todas las expresiones de la vida son transitorias, nada es permanente.

- La tercera Verdad Noble es la cesación de Dukkha, que se llama Nirvana. El Nirvana surge cuando dejamos de identificarnos con el mundo de la forma, incluidos nuestros cuerpos y pensamientos. El nirvana también puede denominarse el mundo de la Budeidad.

- La cuarta Verdad Noble también se conoce como el Noble Camino Óctuple; son los caminos que conducen al Despertar:

- El Primer Camino Noble es el de la visión correcta o la comprensión, lo que significa que somos capaces de percibir las ilusiones de la mente. La palabra Sánscrita para este camino es Samma-Ditthi.

- El Segundo Camino Noble es el del pensamiento correcto. El pensamiento correcto proviene de ver el mundo a través del amor y la compasión. Este camino se conoce como Samma-Sankappa. El amor y la compasión surgen cuando somos capaces de comprender nuestro propio sufrimiento y no estamos gobernados por nuestros apegos.

- El Tercer Camino Noble es el del discurso correcto. El discurso correcto es aquel que es compasivo, sincero, inspirador y comprendido por el oyente.

- El Cuarto Camino Noble es el de la acción correcta. La acción correcta es la que crea valor para todas las partes interesadas; es ética y mantiene nuestro sentido de la dignidad. Este camino se denomina Samma-Kammanta.

- El Quinto Camino Noble es el del sustento correcto. Esto significa que la forma en que generamos un ingreso para nosotros mismos es ética y no conduce a la explotación de los demás. Esto se conoce como Samma-Ajiva.

- El Sexto Camino Noble es el camino del esfuerzo o la energía correctos. Esto puede entenderse como enfoque y diligencia. El esfuerzo correcto implica enfocar nuestra fuerza vital con el propósito de transformar nuestra experiencia actual de manera que cree valor o beneficio para los demás y para nosotros mismos. Al practicar el esfuerzo correcto, nos convertimos en creadores conscientes que realizan acciones que están en consonancia con toda la vida. El sexto camino se conoce como Samma-Vayama.

- El Séptimo Camino Noble es el de la atención plena. La atención plena es una conciencia expandida a todos los niveles de la experiencia. Significa tener conciencia de nuestro entorno, de otras personas, de nuestros pensamientos, sentimientos, percepciones y de la naturaleza de la realidad misma. Esta conciencia no es una comprensión conceptual; es un conocimiento más profundo que surge cuando podemos experimentar nuestro mundo de una manera libre de las ilusiones creadas por nuestra mente. El Séptimo Camino Noble se conoce como "Samma-Sati".

- El Octavo Camino Noble es difícil de describir con palabras, pero implica integrarse plenamente, hacerse uno, con nuestra experiencia. Implica meditar tan profundamente que todo sentido de distinción o separación se desvanece y nos convertimos en uno con todo. Este es el significado de la Budeidad o la iluminación. Este camino final se conoce como Samma-Samadhi..

Ejercicio 7

Repase la sección sobre las Cuatro Verdades Nobles, recordando que éstas apuntan al sufrimiento causado por la comprensión incorrecta de la realidad. Esta comprensión incorrecta de la realidad incluye las ilusiones de la mente, el apego, el habla incorrecta, la acción incorrecta, el sustento incorrecto, el esfuerzo o gasto de energía incorrecto y la falta de atención plena.

Podemos simplificar esto reduciéndolo a una sola palabra: "Amor". Quiero que se proponga como objetivo diario partir desde el punto del amor en su forma de percibir, de pensar, de hablar, de actuar, de trabajar y de esforzarse. Los siguientes son ejemplos de cómo hacerlo:

La percepción y las ilusiones de nuestra mente: Caemos en las ilusiones de nuestra mente, en nuestros pensamientos, porque los creemos verdaderos. Dado que muchos de los pensamientos crean una sensación de miedo o preocupación en nosotros, el miedo es lo que se trae a la existencia, se muestra en nuestra experiencia.

Cambie las pautas de su mente y considere que usted es el padre y que sus pensamientos y emociones son sus hijos. Cuando experimente pensamientos y emociones que le generen miedo, obsérvelos con un sentido de amor y aprecio. No desafíe sus pensamientos o emociones, no intente cambiarlos, simplemente acéptelos por lo que son y obsérvelos con un sentido de amor y cuidado. Puede hablarles como lo haría con un niño asustado.

Hablando: Siempre que hable con los demás o con usted mismo, hágalo desde la perspectiva del amor. Esto significa que no los juzgue, critique o devalúe de ninguna manera. Permita que su discurso comunique compasión, honestidad y ánimo. Hable a los demás y a usted mismo de forma que reconozca la nobleza de los demás y de usted mismo. La verdad de lo que somos es mucho más grande que lo que se está experimentando actualmente.

Acciones: Vea sus acciones no como medios para alcanzar un fin, sino como una forma de expresar su verdad más elevada. Cualquiera puede llevar a cabo una acción. Vuélvase más grande que su pasado infundiendo a sus acciones un sentido de amor y compasión por todos los que se ven afectados por ellas.

Sustento: Demostrar amor a través de su sustento puede adoptar diversas formas. Podría significar encontrar una nueva forma de mantenerse que esté más alineada con sus valores o podría ser realizar su trabajo actual de forma que le haga centrarse en crear valor para su empleador, para sus compañeros de trabajo y para sus clientes. Cuando esto se convierta en su enfoque, trascenderá su trabajo haciendo que su labor sea una expresión de su amor.

Consumo de energía y esfuerzo: En su día a día, ¿dirige su esfuerzo y energía hacia actividades para satisfacer las expectativas de los demás o por un sentido de obligación? ¿O dirige su energía hacia actividades que tienen sentido para usted, que le llenan, o por el deseo de crear felicidad para los demás y para usted mismo? Esto tiene menos que ver con la naturaleza de la actividad que con el significado que la actividad tiene para usted y el valor que crea para los demás.

Propóngase reservar la mayor parte de sus esfuerzos y energía para aquellas cosas que le aporten plenitud. La naturaleza es una maestra en eficiencia energética, ya que todas las acciones que se despliegan en el mundo natural conducen al nacimiento y al crecimiento, incluso en la muerte.

Cuando permitimos que nuestra mente nos dirija, gran parte de nuestra energía se gasta en realizar actividades por un sentimiento de miedo, culpa o en distraernos de nuestros pensamientos y emociones.

Puede seleccionar una de estas cinco categorías para practicar cada día de la semana, o puede seleccionar una categoría para practicar durante toda la semana. Cuando practique, comprométase a dedicar de 3 a 5 minutos a la categoría seleccionada. A medida que adquiera más destreza, podrá ampliar este plazo. Con la práctica contínua, la atención plena surgirá espontáneamente en su interior.

La perspectiva Budista de Dios

El Budismo no cree en un dios que esté separado de nosotros o fuera de nosotros. Muchas religiones, como el cristianismo, ven a Dios como un poder omnipotente que nos juzga, supervisa nuestras vidas y está a cargo de ellas.

En general, la mayoría de las sectas Budistas creen en lo que se describe mejor como una realidad última. Esta realidad última es la fuente de la que surge todo, mientras que al mismo tiempo se encuentra dentro de todas las cosas. Nosotros y esta realidad última no estamos separados el uno del otro; de hecho, somos ella. Nuestra vida y la realidad última son una.

Esta realidad última no emite juicios; no busca nuestra devoción o creencia en ella. El juicio, el castigo, la recompensa, el cielo o el infierno, lo bueno o lo malo, lo correcto o lo incorrecto, y la devoción o la incredulidad se crean en la mente. Cuando podemos entender nuestra mente, podemos entendernos a nosotros mismos. Cuando nos comprendemos a nosotros mismos, nos iluminamos. La iluminación siempre ha existido dentro de nosotros, y siempre existirá. El propósito del Budismo es conseguir que nos demos cuenta de ello por nosotros mismos a través de la experiencia directa.

Ejercicio 8

Para muchos de nosotros, nuestras creencias sobre Dios se cultivan a través de nuestra educación y nunca son cuestionadas o exploradas por nosotros. Una de las preguntas más básicas que podemos hacernos sobre nuestras creencias o descreencias sobre Dios es simplemente: "¿Mis creencias sobre Dios son sólo eso, una creencia?" Una creencia es simplemente un pensamiento al que prestamos mucha atención; nuestra atención a un pensamiento lo hace verdadero para nosotros.

Sólo podemos experimentar aquello que la mente conceptual comprende, lo que significa que si no podemos detectar algo, no podemos tener una experiencia de ello. ¿Qué pasa con nuestro sentido del yo, de eso que llamamos "yo", puede este ser detectado? ¿Ha oído, tocado o visto al "yo"? ¿Dónde se encuentra este "yo"? ¿Se encuentra en el cuerpo? ¿Se encuentra en el corazón o en la mente? Independientemente de cómo responda a estas preguntas, entonces tendría que preguntarse "¿Quién o qué conoce esto?" ¿Quién es el que está consciente de las respuestas que usted da? ¿Quién está consciente de usted? De nuevo, independientemente de cómo responda a esta pregunta, debe haber algo que sea consciente de ello. ¿Cómo podemos pretender conocer a Dios sin comprender primero la verdadera naturaleza de lo que somos? He aquí algunos pasos prácticos que puede dar para explorar estas preguntas por sí mismo:

1. Independientemente de lo que crea sobre Dios o sobre usted mismo, tómese un tiempo diario para quedarse tranquilo y en silencio. Puede meditar o simplemente encontrar un lugar relajante para sentarse y quedarse quieto en su interior, no juzgue, evalúe, analice ni piense en nada, sólo observe.

2. Observe sus pensamientos, sus sensaciones, sus emociones, sus sentimientos, las personas que le rodean o su entorno. No ponga ningún esfuerzo en su observación; simplemente deje que su atención vague libremente.

3. Lo único que tiene que hacer es observar, permitir que lo que ocurra suceda por sí mismo. Practicando este ejercicio, aprenderá a observar más profundamente, ya que habrá reducido la

influencia de la mente. Con ello llegará una comprensión más clara de la naturaleza de Dios y de usted.

Viviendo la enseñanza Budista

Después de leer los capítulos anteriores de este libro, es posible que el Budismo le resulte interesante pero que crea que sus enseñanzas son demasiado difíciles de entender o de practicar, que requeriría mucho trabajo, o que le preocupe que la práctica de estas enseñanzas pueda entrar en conflicto con sus creencias religiosas. Mi esperanza es que, si encuentra el Budismo interesante, no deje que ninguna de estas preocupaciones le desanime. En primer lugar, aunque el Budismo es reconocido como una religión, esa no era su intención original.

El Budismo es más bien una ciencia de la mente. Considera el mundo de una manera práctica y realista que es comprobable; no requiere fe; más importante que la fe es su experiencia real al practicar sus enseñanzas. Si encuentra que sus enseñanzas enriquecen su vida, entonces la fe le seguirá. Además, sus enseñanzas son aplicables a cualquier tradición religiosa o espiritual a la que usted pertenezca, incluso la ciencia está llegando a conclusiones que reflejan el pensamiento Budista. Por ello, no tiene que renunciar a sus creencias religiosas; ni siquiera tiene que considerarse Budista. Este libro no pretende en absoluto enseñarle a convertirse en Budista. Si ese es su deseo, le recomiendo que se ponga en contacto con una comunidad Budista de su zona.

Las Habilidades de la Atención Plena

1. Observe. Observe su patrón de pensamiento mientras se desplaza y responde a las cosas que le rodean. Sin juzgar, sin asumir. Sólo observe. Específicamente con sus emociones:

- Observe la experiencia de su emoción
- Observe sus emociones sin dejarse atrapar por ellas. No intente añadir nada, ni retirar nada.
- Dígase a sí mismo "Me doy cuenta de que estoy sintiendo alegría/tristeza/miedo/ansiedad".
- Sólo vea lo que fluye más allá de su conciencia.

- Esté alerta mientras observa lo que fluye hacia, alrededor y a través de usted.

- Observe lo que llega a través de sus sentidos, todo lo que huele, toca, oye, dice, siente y saborea.

2. Describa. Verbalice su experiencia Cuando surja un pensamiento o un sentimiento, póngale palabras, reconózcalo. No se preocupe si esto le parece extraño y poco natural al principio. Si sus modelos emocionales le han enseñado a ignorar o menospreciar sus emociones, puede que tenga mucha práctica en ser lo contrario de atento y consciente de su propia experiencia.

También puede probar algunas de las siguientes afirmaciones para practicar. Con el tiempo encontrará su propia voz. Diga en su mente: "Un pensamiento acaba de venir a mi mente, *'esto es demasiado para mí'*". Cuando esté nervioso diga: "Se me tensan los músculos del estómago". Describa lo que está sucediendo, manténgalo objetivo mientras habla consigo mismo, llame a un pensamiento un pensamiento y llame a una emoción una emoción. Sea descriptivo y manténgalo todo simple.

3. Participe. Como práctica a repetir una y otra vez, la atención plena le ayuda a ser una parte activa de su propia vida. Entre de lleno en su experiencia, pero sin amarla ni odiarla. Involúcrese tan plenamente en cada momento como le sea posible, participando en cada momento tal y como se presenta, un momento, luego otro, permaneciendo en el ahora si el momento le pide que esté aquí ahora. Permítase preocuparse plenamente, déjese llevar plenamente, observe plenamente, describa plenamente: disfrute del proceso.

Sea su experiencia, olvidándose por completo de sí mismo. Aléjese de la idea de preocuparse por cómo le ven los demás o si lo está haciendo tan bien como otra persona. No se centre en la preocupación por la perfección o por complacer a otras personas. Preste toda su atención a la experiencia aquí y ahora. Piense en los atletas Olímpicos, quienes parecen tan absortos con su deporte o actuación, que se muestran inconscientes de que el mundo les está observando. Se entregan plenamente a lo que están haciendo en ese momento, están en su experiencia.

He aquí algunos ejemplos de formas de desarrollar y articular la atención plena. Por supuesto, pronto desarrollará las suyas propias.

Cuando Se Sienta Feliz

- "Me doy cuenta de que estoy riendo... observo que me siento con energía".
- "Percibo una sensación de fuerza... Observo que me siento centrado".

Cuando Sienta Ansiedad

- "Observo que estoy experimentando ansiedad... noto el impulso de evitar a la persona que he decepcionado".

- "Observo el pensamiento de que 'soy inútil en todo'... advierto el deseo de golpearme".

Actividad

Ahora que ha leído estos ejemplos, deje este libro, siéntese erguido, cierre los ojos (cuando haya terminado de leer estas instrucciones) y respire suavemente. Observe sus emociones y sensaciones actuales. ¿Qué nota? Describa lo que percibe, evitando hacer juicios sobre la bondad o maldad de lo que siente o piensa. Sea descriptivo.

EJERCICIOS DE BONIFICACIÓN:

Comenzaremos este capítulo con una meditación, cuyo propósito es llevarle a un mayor nivel de conciencia en cuanto a la naturaleza de lo que usted es. Haga lo siguiente:

1. *Busque un lugar cómodo para sentarse y cierre los ojos. Intente mantener la espalda lo más recta posible mientras permanece relajado y cómodo.*

2. *Al igual que en los ejercicios anteriores, concéntrese en las sensaciones de su respiración, asegurándose de que respira con normalidad.*

3. *Es importante que mientras esté haciendo esta meditación no ponga absolutamente ningún esfuerzo en lo que está haciendo. Para la mayoría de nosotros, estamos tan condicionados a tratar de conseguir un determinado*

resultado, o tenemos expectativas de lo que deberíamos experimentar. Cuando esto ocurre, empezamos a dudar de nosotros mismos o nos frustramos. Quiero que acepte completamente lo que surja en su experiencia, no intente cambiar nada. No existe tal cosa como acertar o equivocarse.

4. Al observar su respiración, experimentará pensamientos, sensaciones, sentimientos y sonidos. Deje que vayan y vengan por sí mismos.

5. Cada vez que su mente se distraiga, devuélvala suavemente a su respiración.

6. A medida que continúe concentrándose en su respiración, notará que su mente se volverá más quieta, más tranquila. Es importante señalar que antes de alcanzar esta calma, lo más probable es que experimente un estallido de

actividad en su mente. No se distraiga por esto ya que es natural. Si y cuando esto ocurra, continúe concentrándose en su respiración hasta que su mente se calme.

7. *A medida que siga observando su respiración, notará que le costará menos esfuerzo observarla; no tendrá que recordarse a sí mismo que debe centrarse en ella. Esto es una indicación de que ha pasado a un nivel de conciencia más profundo.*

8. *Relaje su atención y observe simplemente lo que llegue a su conciencia. Observe cómo el pensamiento, la sensación, las emociones y los sentimientos surgen de las profundidades de su conciencia y luego se desvanecen. Nada de lo que pueda experimentar es permanente; todos los fenómenos son transitorios y*

están en constante flujo. Los pensamientos aparecen y se desvanecen. Las sensaciones y las emociones cambian en su nivel de intensidad. Incluso si escucha un sonido que es continuo, fluctuará en su intensidad.

9. *Permítase experimentar todo lo que venga a la luz de su conciencia; ofrezca una aceptación completa a todas sus experiencias. En ningún momento de esta meditación utilice su imaginación o cree un significado para su experiencia. Deje que todas sus experiencias vayan y vengan por sí mismas.*

10. *Compruebe que es consciente del pensamiento pero que no es el pensamiento. Usted es consciente de la sensación pero que no es la sensación. Usted experimenta los sentimientos pero no es los sentimientos. Cuando tiene un pensamiento perturbador, la conciencia*

no está perturbada. Usted puede sentirse tranquilo, pero la conciencia no está ni tranquila ni perturbada. Usted es consciente de toda la experiencia, pero la conciencia no se ve afectada por toda la experiencia.

11. *¿Quién es el que es consciente de la experiencia? ¿Puede revelar la identidad de quien es consciente? Busque al que es consciente. ¿Quién es éste? Puede decir "yo soy el que es consciente", o "la conciencia es consciente", o "mi poder superior es consciente". Decir cualquiera de estas cosas requiere ser consciente también de ellas. ¿Cómo pueden ser éstas la fuente de la consciencia cuando se requiere la consciencia para saber de su existencia? De hecho, independientemente de cómo responda a esta pregunta, debe haber conciencia de ello. Los pensamientos de "yo", "mí", "espíritu", "alma" o "poder*

superior", son simplemente eso, pensamientos. Siga buscando, no se dé por vencido. Trate de encontrar lo que es la fuente de la conciencia.

Reflexiones Finales

Este libro le ofrece numerosas perspectivas sobre cómo puede vivir una vida más feliz y pacífica. Debido a que la filosofía Budista es tan drásticamente diferente del pensamiento convencional, muchos de ustedes pueden encontrar el contenido de este libro difícil de entender. Lo que es importante tener en cuenta es que el Budismo, como cualquier filosofía o forma de pensar, no es la respuesta inherente para encontrar lo que usted desea para su vida.

Todas las enseñanzas, independientemente de su maestro o de la fe a la que pertenezcan, no son más que señales que nos indican la dirección. Creer, como hace mucha gente, que la enseñanza en sí misma es la respuesta es como decir que la señal de tráfico del Holiday Inn es el propio hotel. Hay una historia de un muchacho que quería aprender sobre el Budismo. Había oído que había un monje budista muy sabio que vivía en una pequeña cabaña no muy lejos de su pueblo. El muchacho encuentra al monje que está en su campo mirando la luna. El monje llamó a su perro, que vino corriendo hacia él con entusiasmo. El monje apuntó con su dedo a la luna, pero el perro se centró sólo en su dedo. El monje le dijo entonces: "No confunda el dedo con la luna". Del mismo modo, no deje que estas enseñanzas Budistas le confundan de lo que está buscando. En su lugar, trátelas como a un guía que está dando un recorrido por un museo o una ruta de senderismo; la experiencia que usted tiene depende de usted, no del guía.

Más libros de Maya Faro en español –ahora disponibles en tu tienda de Amazon

www.ingramcontent.com/pod-product-compliance
Lightning Source LLC
Chambersburg PA
CBHW071406080526
44587CB00017B/3195